AF455830

D.   1882. Février 4

CATALOGUE

DE

LIVRES FRANÇAIS

RELIÉS AVEC LUXE ET ORNÉS DE GRAVURES

DES SUITES DE VIGNETTES ET DES PORTRAITS

COMPOSANT

LE CABINET DE M. D.

DONT LA VENTE AURA LIEU

Le Samedi 4 Février 1882 à 2 heures précises

Hôtel des commissaires-priseurs, rue Drouot

Salle n° 3

Par le ministère de Me MAURICE DELESTRE, commissaire-priseur,
Successeur de Me DELBERGUE-CORMONT
Rue Drouot, 27

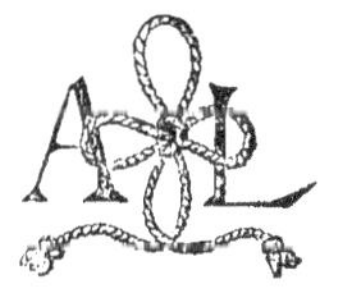

PARIS
ADOLPHE LABITTE
LIBRAIRE DE LA BIBLIOTHÈQUE NATIONALE
4, rue de Lille, 4

1882

PARIS

TYPOGRAPHIE GEORGES CHAMEROT

19, rue des Saints-Pères, 19

CATALOGUE

DE

LIVRES FRANÇAIS

ORDRE DE LA VACATION

On suivra l'ordre des numéros à partir du numéro 2.
Le numéro 1 sera vendu à la fin de la vacation.

CONDITIONS DE LA VENTE

La vente se fait expressément au comptant.

Les acquéreurs payeront cinq pour cent en sus des enchères, applicables aux frais.

Il y aura exposition publique, sous vitrines, le vendredi 3 février 1882.

Les réclamations devront être faites dans les vingt-quatre heures de l'adjudication. Passé ce délai ou une fois sortis de la salle de vente, les articles adjugés ne seront repris pour aucune cause.

M. Adolphe LABITTE, chargé de la vente, remplira les commissions des personnes qui ne pourraient y assister.

CATALOGUE

DE

LIVRES FRANÇAIS

RELIÉS AVEC LUXE ET ORNÉS DE GRAVURES

DES SUITES DE VIGNETTES ET DES PORTRAITS

COMPOSANT

LE CABINET DE M. D.

DONT LA VENTE AURA LIEU

Le Samedi 4 Février 1882 *à* 2 *heures précises*

Hôtel des commissaires-priseurs, rue Drouot

Salle n° 3

Par le ministère de Mc Maurice DELESTRE, commissaire-priseur,
Successeur de Me Delbergue-Cormont
Rue Drouot, 27

PARIS
ADOLPHE LABITTE
LIBRAIRE DE LA BIBLIOTHÈQUE NATIONALE
4, rue de Lille, 4

1882

CATALOGUE
DE LIVRES

COMPOSANT

LE CABINET DE M. D.

1. ŒUVRES COMPLÈTES DE VOLTAIRE, avec préfaces, avertissements, notes, etc., par M. Beuchot. *Paris, Lefèvre (impr. de Firmin-Didot)*, 1829-1834. — Table analytique, rédigée par Miger, 1841 ; 72 tomes en 89 vol. gr. in-8, mar. vert, fil. à froid, tranch. supérieure dorée, non rog. (*Niedrée.*)

Précieux exemplaire en grand papier vélin, auquel on a ajouté plus de onze mille huit cents pièces, gravures et portraits, vues, sites, paysages, cartes, plans, etc.

Ce curieux exemplaire, certainement unique en pareille condition, a été formé par un amateur bien connu, M. Victor de Saint-Mauris, qui a passé une bonne partie de sa vie de bibliophile à recueillir et à grouper toutes les pièces pouvant ajouter quelque intérêt à cet important ouvrage. Heureusement encore le patient collectionneur a pu entreprendre ce travail colossal à une époque où les chercheurs de vignettes et de portraits étaient moins nombreux, et peut-être aussi moins ardents qu'ils ne le sont à présent; car il serait à peu près impossible sans doute de refaire maintenant une pareille réunion. D'ailleurs ce qui a déjà dû coûter non seulement de nombreuses années de recherches patientes et persévérantes, mais encore de grandes dépenses. coûterait de nos jours incomparablement davantage.

Il serait difficile de donner dans un espace aussi restreint que celui d'un article de catalogue des détails suffisants pour faire bien apprécier un tel recueil. Nous ne pouvons qu'offrir un aperçu très succinct des principales suites de vignettes et de quelques-uns des plus curieux portraits que l'on y a ajoutés.

On y trouvera environ quinze suites différentes de figures des principaux artistes, les unes destinées à illustrer les *Œuvres complètes de Voltaire,* d'autres publiées dans les éditions de divers ouvrages séparés : soit de la *Henriade*, soit de la *Pucelle*, soit du *Théâtre*, soit des *Romans*, etc... Toutes ces suites sont en premières épreuves, la plupart avant la lettre, ou sur papier de Chine, quelques-unes avec eaux-fortes; et l'on y a joint tous les portraits qui pouvaient s'y rattacher.

La collection des portraits, la plus complète sans doute qui ait été ainsi réunie en volumes, embrasse toutes les époques et tous les genres, puisque le collectionneur s'est attaché à y insérer autant que possible des portraits de chacun des personnages dont Voltaire s'est occupé dans ses divers ouvrages.

On remarque même en beaucoup d'endroits autant de portraits différents de la même personne que le nom se trouve répété de fois dans le volume. Ce qui fait de cette réunion un véritable musée des plus curieux, donnant une idée de la physionomie de la plupart des célébrités anciennes et modernes.

On y voit par exemple : 59 portraits de Corneille, — 44 portraits de Molière, — 52 de Racine, — 45 de Boileau, — 21 de Pascal, — 24 de Bossuet, — 35 de Shakespeare, — 34 de Richelieu, — 24 de Mazarin, — 61 de Louis XV, — 113 de Louis XIV, — 84 de Henri IV, — 155 de Frédéric, roi de Prusse, — 49 de Pierre le Grand, empereur de Russie, etc.

Et nous ne citons ici que les noms de quelques grands hommes ; mais il ne faut pas oublier de dire que les portraits des femmes célèbres y sont aussi en très grand nombre, et qu'on en voit beaucoup de rares et de très intéressants. Il en est de même des personnages secondaires, dont les portraits sont souvent si difficiles à rencontrer, et qui sont ici largement représentés.

Et l'on ne s'est pas contenté de grouper ainsi les portraits gravés; on a réuni aussi une grande quantité de DESSINS ORIGINAUX à la sépia, à l'aquarelle, à la plume, dont un certain nombre sont d'une remarquable exécution. Plusieurs sont même signés d'artistes connus : Desenne, Chazal, Chasselat, Choquet, etc.

Pour que les amateurs puissent se faire une idée approximative de la composition de ce recueil, nous avons divisé par ouvrage les quelques détails que nous avons cru devoir donner ici.

Nous trouvons dans la *Henriade :* la première suite des figures de Moreau, édition de Kehl, bonnes épreuves ;— la seconde suite de Moreau, édition Renouard, épreuves AVANT LA LETTRE et EAUX-FORTES ;— les figures gravées par Lefèvre, d'après Moreau, sur papier de Chine, avant la lettre; — une suite de figures gravées par Bernigeroth, datées de 1748 ; — la suite des grandes figures de Gravelot, faite pour l'édition des *Œuvres* de Genève, 1768 ; — la suite des mêmes figures, réduites en format in-12 ; — la suite des figures et fleurons de tête, par Eisen, de l'édition de 1770, remontée dans le format in-8 ; — la suite de Leprince, gravée par Pauquet, sur papier de Chine ; — la suite de Desenne, sur PAPIER DE CHINE AVANT LA LETTRE ; — la suite de Devéria, AVANT LA LETTRE ; — une autre suite du même, gravée par Pauquet, semblable à la suite de Chasselat qui se trouve dans la *Pucelle*, épreuves AVANT LA LETTRE ; — une suite de petites figures de Châtaigner, AVANT LA LETTRE et EAUX-FORTES. — NEUF DESSINS ORIGINAUX à la sépia, par Chazal et autres, des portraits de François de Lorraine, duc de Guise; — de Catherine de Médicis ; — de Anne de Montmorency ; — de Philippe II, roi d'Espagne ; — de Guy du Faur de Pibrac ; — de Aug. de Thou ; — de Henri II ; — de Stace; — du Tasse (avec une jolie scène dessinée à la mine de plomb au-dessous du portrait). — Un DESSIN ORIGINAL en couleur, à l'aquarelle, du portrait de saint Louis.— Un DESSIN ORIGINAL, à l'encre de Chine, d'une scène de la Saint-Barthélemy. — A la page 231, un ravissant portrait de Jeanne d'Arc, gravé à l'eau-forte avant la lettre, et un joli portrait de Bayard. — Enfin de nombreux portraits anciens et modernes, gravés par Thomas de Leu, Mich. Lasne, Edelinck, Gaucher, Saint-Aubin et autres, dont deux charmants portraits, gravés par des artistes anglais, de la reine Elisabeth d'Angleterre, à qui Voltaire dédia sa *Henriade*.—Un portrait de l'Arioste, gravé par Ficquet, AVANT LA LETTRE. — Nombreuses figures et vues diverses.

Dans la *Pucelle :* la première suite de Moreau, de l'édition de Kehl, épreuves AVANT LA LETTRE, à toutes marges ; — la seconde suite de Moreau, édition Renouard, épreuves AVANT LA LETTRE et EAUX-FORTES ; — la suite de Desenne, épreuves AVANT LA LETTRE SUR CHINE, avec les EAUX-

FORTES ; la suite de Monsiau, AVANT LA LETTRE et EAUX-FORTES ; — la suite de Chasselat, AVANT LA LETTRE ; — une suite de gravures, par Lefèvre, d'après celles de Moreau, épreuves sur chine, avant la lettre. — Et autres figures et portraits ajoutés. — A la fin de chaque chapitre, on a collé les épreuves en tirage à part des vignettes de Duplessis-Bertaux, publiées dans l'édition Cazin. — Un joli DESSIN ORIGINAL à l'encre de Chine et au lavis (Jeanne d'Arc combattant les Anglais).

Dans les *Poésies :* mêmes suites de Moreau (3), de Desenne, de Chasselat, Devéria, — figures de Monnet; — DESSINS ORIGINAUX au crayon rouge et au crayon noir du portrait de Adrienne Lecouvreur, — de jolis DESSINS ORIGINAUX de portraits de : Lucrèce, Jurieu, du Fresny, Benserade, Caumartin, Linguet. J.-B. Rousseau, Crébillon, Properce, Catulle, Tibulle, Addison, Arioste, Cicéron et quelques autres. — Portrait de J.-B. Rousseau, GRAVÉ PAR GRATELOUP, épreuve SUR PAPIER DE CHINE de toute beauté; portraits de Corneille et de La Fontaine, GRAVÉS PAR FICQUET ; — de Racine et de Mme Deshoulières, GRAVÉS PAR SAVART. — Portrait de Louis XIV, par Edelinck, belle épreuve avant la lettre; — portrait de J.-B. Rousseau, gravé par Delvaux, épreuve avant la lettre sur chine.

Dans le *Théâtre :* la première suite des figures de Moreau, édition de Kehl, en belles épreuves ; — la seconde suite de Moreau, édition Renouard, épreuves AVANT LA LETTRE et EAUX-FORTES ; — la suite des figures gravées par Lefèvre d'après Moreau, épreuves sur chine, avant la lettre; — la suite des grandes figures de Gravelot, de l'édition de Genève, 1768 ; — la suite des petites figures réduites du même ; — la suite des petites figures d'Eisen ; — la petite suite de Devéria, gravée par Lacour, Touzé, Burdet, et autres épreuves AVANT LA LETTRE et EAUX-FORTES ; — la suite de Desenne, SUR PAPIER DE CHINE AVANT LA LETTRE et EAUX-FORTES, plus les épreuves avec la lettre ; — la suite de Chasselat, Choquet et Devéria avant la lettre ; — la suite gravée par Bernigeroth, datée de 1747 ; — la suite des figures de Macret; — une jolie suite de petites figures de W. Brough, gravées par Finden, et autres épreuves sur chine; — des DESSINS ORIGINAUX à la plume, des portraits de P. Puget et autres; un DESSIN ORIGINAL à la mine de plomb, pour le *Temple de la Gloire*, et un autre à la sépia pour la *Mort de Socrate;* — la suite des figures de Marckl, ÉPREUVES SUR CHINE, AVANT LA LETTRE ; — nombreux portraits, dont plusieurs rares, et figures détachées.

Dans les *Romans* et *Contes :* la première suite de Moreau, édition de Kehl, en bonnes épreuves ; — la seconde suite de Moreau, édition Renouard, épreuves AVANT LA LETTRE et EAUX-FORTES ; — et les figures gravées par Lefèvre d'après Moreau, sur chine avant la lettre ; — la suite des figures de Monnet, de l'édition de Bouillon, 1778, épreuves AVANT LES NUMÉROS, remargées dans le format gr. in-8 ; — la suite des figures de Marillier ; — la suite de Desenne, épreuves SUR CHINE AVANT LA LETTRE et EAUX-FORTES; — suite de Chasselat, avant la lettre. = Portrait de Cicéron, GRAVÉ PAR FICQUET ; — charmant portrait d'Adrienne Lecouvreur, avant la lettre ; — et autres nombreux portraits anciens et modernes, figures détachées, scènes, vues, sites, etc.

Dans le *Siècle de Louis XIV* : mêmes suites. — JOLIS DESSINS ORIGINAUX à la sépia des portraits de Descartes, — de la duchesse de Longueville, — de Henriette d'Angleterre, — de Philippe d'Orléans (régent), — de Voltaire. — de Colbert. = DESSINS A LA PLUME des portraits suivants : de Paul Tallemant, — François Tallemant, — Platon, — Périclès, — duc de Longueville, — duc de Clermont-Tonnerre, — Nicolas Desmarets (2 portraits), — Ch. Colbert, — marquis de Croissy, — Montpezat, archevêque de Toulouse, — maréchal de Montrevel, — Godet des Marais, — Maupertuis, — J.-B. Colbert, marquis de Torcy, — marquis de Berington, — marquise de Brinvilliers. = QUATRE AQUARELLES, dont deux portraits de Berwick et du duc de Vendôme, et deux scènes, l'une représentant la *Mort de Turenne*, l'autre *Louis XIV entrant au Parlement une cravache à la main.* = NEUF PORTRAITS GRAVÉS PAR FICQUET : ceux de Descartes (avant le nom du graveur), — de la Fontaine, — de la Mothe le Vayer (lettre grise), — J.-B. Silva, — Mme de Maintenon (TRÈS BELLE ÉPREUVE, LETTRE GRISE, A TOUTES MARGES), — Fénelon (très belle épreuve, lettre grise), — J.-B. Rousseau (AVANT LA LETTRE, avec marges), — Abr. Duquesne, — Louis Maimbourg. = SEPT PORTRAITS GRAVÉS PAR SAVART, ceux de : Bayle, — Richelieu (AVANT LA LETTRE), — Catinat, — La Bruyère, — Boileau, — prince de Condé, — Colbert. = Et un grand nombre d'autres portraits anciens et modernes, dont plusieurs sont beaux et rares.

Dans le *Siècle de Louis XV :* DESSINS A L'AQUARELLE, en couleurs, des portraits : de Maurice de Saxe, — de Dupleix, — de Mahé de la Bourdonnais. = DESSINS à la plume, des portraits de Paris-Duverney, — Paris de Montmartel, — maréchal de Clermont-Tonnerre, — baron de Coehorn, — comte de Schulemburg. = Et un grand nombre d'autres portraits.

Dans l'*Histoire de Charles XII :* UN DESSIN à la sépia et à l'encre de Chine, Mort de Charles XII. = Portrait de Charles XII, GRAVÉ PAR FICQUET. — Et un grand nombre d'autres pièces.

Dans l'*Histoire de Russie :* DEUX AQUARELLES, dont l'une représente *Peterbas travaillant dans le port d'Amsterdam*, et l'autre *Une conspiration à Moscou.* — DEUX DESSINS A LA PLUME, portraits du sultan Achmet III — et d'Alexandre. — Et beaucoup d'autres pièces.

Dans le *Dictionnaire philosophique :* DESSINS A LA SÉPIA et à l'encre de Chine des portraits de Suétone, — G.-J.-B. Target, — Cl.-Fr. Nonnotte, — Pline, — Un groupe de quatre médailles d'empereurs romains, avec une scène dessinée en bas, — Un autre groupe de quatre médailles de Constantin et autres personnages, avec une scène en bas. = UNE BELLE AQUARELLE représentant la *Prise de Jérusalem.* = DESSINS A LA PLUME des portraits de Dumarsais, — Warburton, — Aristote, — Jean de La Case, — l'abbé d'Aubignac, — Xénophon, — Hérodote, — Thésée, — Euclide, — Aristide, — Phocion, — Socrate, — le P. Bonhours, — La Baumelle, — Zaleucus, — Anaximandre, — dom Augustin Calmet, — Empédocle. = Portrait de Molière, GRAVÉ PAR FICQUET. — Et une grande quantité d'autres portraits.

Dans les *Commentaires sur Corneille :* DESSINS ORIGINAUX à la sépia des portraits de Fontenelle — et de Georges de Scudéri. = Dessins à la plume des portraits d'Aristophane — et de Ménandre. = Portrait de Mignard, peintre, GRAVÉ PAR FICQUET. — Et beaucoup d'autrés portraits et gravures.

Dans les *Annales de l'Empire :* Une AQUARELLE représentant le *Supplice de Jean Hus, brûlé vif* et autres nombreuses pièces.

Dans les *Mélanges :* DESSINS ORIGINAUX à la sépia et à l'encre de Chine des portraits de Shakespeare, — Cl.-Fr. Nonnotte, — Montesquieu, — Lope de Véga, — Condorcet. = DESSIN AUX DEUX CRAYONS : Portrait de Mandrin. = DESSINS A LA PLUME des portraits de William Penn, — William Chelseden, — Pierre-Sylvain Regis, — Christian Huyghens, — Berkeley, — Molière, Ménage, Cottin, le président Bouhier (sur la même feuille), — président Hénault, Montesquieu, Vauvenargues, Diderot (aussi sur la même feuille), — Solon, — Lycurgue, — Minos, — Moreau de Maupertuis, — Otway, — Lefranc de Pompignan, — Joly de Fleury, — Cl.-Fr. Nonnotte, — Philippe (roy de Macédoine), — La Baumelle, — Bacchus, — C.-R. Dumarsais, — H.-L.-J.-B. Bertin, — marquis Dupleix, — comte de Lally, — Rulhière, — Séguier, — duc de Choiseul, etc. = DESSINS A L'AQUARELLE des portraits de M. Ant. Calas, — Jean Calas, — Pierre Calas, — Gobert Lavaisse, — Jeanne Vignière, servante de Calas. — PORTRAITS GRAVÉS PAR FICQUET : de Montaigne, — Jean Bernouilli, — Crébillon. = PORTRAITS GRAVÉS PAR SAVART : de la Bruyère, — Torquato Tasso, — Ch. Rollin. = Beau portrait de Jean Dryden, GRAVÉ PAR GRATELOUP, belle épreuve sur chine. = Joli portrait de Jeanne d'Arc, gravé par de Latre d'après Queverdo. — Beau portrait, très rare, de Marie d'Angleterre, fille de Henri VIII, gravé par Vertue. — Saint-Sébastien, belle gravure par Qneverdo, AVANT LA LETTRE. — Suite des curieuses figures anglaises de Martin, épreuves sur chine, rares, pour les études sur la Bible.

Dans la *Correspondance :* les portraits A L'AQUARELLE du maréchal de Belle-Isle, — de Crébillon, — de Donat-Calas, — de Anne Roche-Cabibel, veuve de J. Calas, — de H.-F. des Herbis, marquis de l'Estanduère, — du baron d'Espagnac, — de François de Neufchâteau, — de Folard, — de Gudin de la Brunellerie, — de Colardeau, A LA GRISAILLE. = Portraits AUX DEUX CRAYONS de Pascal, dessiné par Chazal, — de Catherine II. = Portraits dessinés A LA SÉPIA et A L'ENCRE DE CHINE de Fontenelle, — J. Bernard, — Voisenon, par Gautier, — de la Chalotais, — Goldoni, — Adrienne Lecouvreur, — J.-J. Rousseau, — J.-A. de Thou, par Gautier, — Tite-Live, — Gaillard, — Loménie de Brienne, — Delille, — Anacréon, — d'Alembert, — Florian, jolie sépia, par Desenne. = Portraits DESSINÉS A LA PLUME : d'Anacréon, — Hippocrate, — Mirabeau, — Mme du Deffant, — Démocrite, — Épicure, — Phèdre, — N.-R. Berrier, — G. Sénac de Meilhan, — l'abbé du Resnel, — Denys, chevalier d'Argenson, — Mahé de la Bourdonnais, — E. de Beaumont, — baron Grimm, — Joseph de la Porte, — Boudot, — H.-M. Rouelle, — Ch. de Brosses, — Trudaine, — de Saint-Germain, l'abbé de Lattaignant. = Portraits GRAVÉS PAR FICQUET : d'Eisen, — de J.-J. Rousseau, — de la Mothe le Vayer, — de Vadé. = Portraits de La Fontaine, gravé par Collyer, — de Laborde (trois portraits, dont celui de Moreau, et un autre gravé par Gaucher d'après Drouais), — de Dorat, gravé par Fessard. = UNE AQUARELLE à la sépia, à la plume et au crayon blanc, représentant *Catherine II visitant les peuples du Dnieper.* — Et un grand nombre d'autres portraits anciens et modernes, dont plusieurs sont rares.

Enfin, un volume est entièrement consacré aux portraits de Voltaire, et l'on y trouve réunie la collection la plus complète et la plus intéressante qu'il soit possible de former en ce genre.

Cette collection comprend environ 530 pièces, savoir :

SEIZE DESSINS ORIGINAUX de portraits de Voltaire, à la sépia et à l'encre de Chine, par Frilley, Chazal, Desenne, Cazenave, etc., dont plusieurs inédits. 236 portraits gravés par les principaux artistes du temps, tous en épreuves de choix. — On y rencontre plusieurs portraits magnifiques et rares, par exemple le portrait gravé par Ficquet, en trois états différents : AVANT LA LETTRE, épreuve de toute beauté, fort rare; avec la lettre, et épreuve sur papier de Chine. — Les différents portraits gravés d'après La Tour, par Balechou, L. Petit, P.-G. Langlois, Cathelin, Brisson, etc.; quelques-uns en plusieurs états. — Les portraits d'après le tableau de Largillière, gravés par Alex. Tardieu, avant et avec la lettre, par Demautort, en plusieurs états; par Brisson, par Couché, etc. — Les portraits gravés par différents artistes d'après le buste d'Houdon. — Et beaucoup d'autres portraits, en buste ou en pied, plusieurs très rares. 53 portraits de Voltaire, gravés au trait d'après Hubert, et 8 feuilles de gravures à l'eau-forte, contenant : la première, 9 portraits; la seconde, 13, et chacune des autres, 33. 49 portraits lithographiés. 9 pièces lithographiées relatives à Voltaire. 73 pièces gravées, contenant chacune un portrait de Voltaire, ou une caricature, ou une allégorie relative à Voltaire; quelques-unes sont des titres d'ouvrages.

Plus une LETTRE AUTOGRAPHE SIGNÉE en tête de ce volume.

On a fait imprimer exprès des titres pour tous les volumes divisés en plusieurs parties.

---

2. ANACRÉON, Sapho, Bion et Moschus, traduction nouvelle en prose (par Moutonnet de Clairfont), suivi de Héro et Léandre. *Paphos, et se trouve a Paris, chez Leboucher,* 1773. Gr. in-8, papier de Hollande, v. marbr. fil. tr. dor.

Figures et fleurons d'Eisen.

3. ARIOSTE. Roland furieux, poème héroïque, traduction

nouvelle par M. d'Ussieux. *A Paris, chez Brunet,* 1775-1783. 4 vol. in-8, portrait et figures, v. éc. fil. tr. dor.

Jolie édition contenant 92 figures par Cochin, Moreau, Cipriani, Greuze Eisen et Monnet.

4. Arioste. Roland furieux, poème héroïque, traduit par A.-J. Du Pays et illustré par Gustave Doré. *Paris, Hachette*, 1879. In-fol. papier vélin, nombr. vignettes dans le texte et figures hors texte, cart. percal. grise, n. rog.

5. Béranger. Chansons de Béranger, contenant cinquante-trois gravures sur acier, d'après Charlet, A. de Lemud, Johannot, etc. *Paris, Garnier fr.*, 1876. 2 vol. — Dernières Chansons de P.-J. de Béranger, illustrées de quatorze gravures sur acier, d'après A. de Lemud. *Paris, Garnier fr., s. d.* 1 vol. — Musique des chansons de Béranger. *Paris, Garnier fr., s. d.* 1 vol.— Ma Biographie, écrite par Béranger, ornée d'un portrait en pied par Charlet et de 8 gravures d'après Daubigny, Sandoz et Wattier. *Paris, Garnier*, 1875. 1 vol. — Correspondance de Béranger, recueillie par Boiteau. *Paris, Garnier fr., s. d.* 4 vol. ens. 9 vol. gr. in-8, br.

Exemplaire sur papier de Hollande, avec les figures sur chine, et, avant la lettre.

6. Bernard. Art d'aimer et poésies diverses. *Paris, Didot jeune, an III.* In-8, v. f. fil. tr. dor. (*Bozérian.*)

Édition ornée de sept figures d'Eisen. Elles sont un peu plus courtes que le texte.

7. Bernard. Œuvres, ornées de gravures d'après les dessins de Prud'hon. La dernière estampe gravée par lui-même. *A Paris de l'imprimerie de P. Didot l'aîné,* 1797. In-4, 4 figures, demi-rel. v. viol. tr. supér. dor. éb.

Exemplaire en papier vélin fort d'Angoulême, contenant les opéras de l'auteur.

8. Berquin. Romances. *Paris, Ruault*, 1776. Pet. in-8, figures et musique gravée, v. ant. fil. tr. dor.

Papier de Hollande. Titre et 6 figures de Marillier. Épreuves avant les numéros.

9. Biblia (en néerlandais). *Tot Leyden by de Weduwe ende Erffgenamen van Johannes Elzevier. Amsterdam, by Louis ende Daniel Elzevier,* 1663. 3 part. en 2 vol. in-fol., mar.

r. dos ornés, riches comp. dorure en plein, tr. dor. et marbr.

Belle et riche reliure hollandaise (voir Willems, *les Elzeviers*, nº 884).

10. Billardon de Sauvigny. L'Innocence du premier âge en France. *Chez Delalain, a Paris*, 1768. In-8, mar. or. fil. tr. dor.

Frontispice de Moreau et gravure de Moreau, d'après Greuze. Le volume contient la Rose de Salency et l'Isle d'Ouessant avec une vignette de Moreau.

11. Boccace. Le Décaméron (trad. par Le Maçon). *Londres*, 1757. 5 vol. in-8, chagr. r. tr. dor.

Belles épreuves des figures de Gravelot. La reliure est médiocre, il y a quelques taches dans les volumes.
Exemplaire Danyau.

12. Boileau-Despréaux. Œuvres, avec des éclaircissements historiques donnés par lui-même, nouvelle édition, revue, corrigée et augmentée, enrichie de figures gravées par Bernard Picart. *A la Haye*, 1722. 4 vol. in-12, frontispice, figures pour le Lutrin et nombreux culs-de-lampe, v. f. antiq. tr. marbr.

13. Boisard. Fables. *Paris*, *Lacombe*, 1773. In-8, demi-rel. mar. la Vall. avec coins, tr. supér. dor. (*Quinet.*)

Frontispice, figures et fleurons d'Eisen.

14. Bussi-Rabutin. Histoire amoureuse des Gaules. *S. l.* 1754. 5 vol. in-12, demi-rel. mar. rouge n. rogn. (*Petit.*)

Exemplaire dont les titres gravés sont gouachés avec beaucoup de soin.

15. Cérémonies et coutumes religieuses de tous les peuples du monde, représentées par des figures dessinées par B. Picart, avec une explication historique, et quelques dissertations curieuses (rédigées par J.-Fr. Bernard, libraire éditeur, Bernard, ministre à Amsterdam, Ant.-Aug. Bruzen de la Martinière et autres). *Amsterdam*, 1723-1743. 8 tomes en 9 vol. in-fol. figures v. gran.

16. Cervantes (Michel de). Histoire de l'admirable Don Quichotte de la Manche, traduite de l'espagnol, enrichie des belles figures dessinées de Coypel et gravées par Folkema et Fokke. *Amsterdam et Leipzig*, 1768. 6 vol. in-12, figures. — Nouvelles de Michel de Cervantes Saavedra, nouvelle édition, augmentée de trois nouvelles et de la vie de l'auteur, enrichies de figures en taille-douce. *Amsterdam*

et Leipzig, 1768. 2 vol. in-12, figures, ens. 8 vol. v. éc. fil. tr. dor. (*Reliure uniforme.*)

17. Cervantes. Les Principales Aventures de l'admirable Don Quichotte, représentées en figures, par Coypel, Picart le Romain, et autres maîtres. *La Haye,* 1746. In-4, fig. par Boucher, Cochin, Coypel, Picart, etc. mar. r. jans. tr. dor.

Bel exemplaire.

18. Chants et Chansons populaires de la France. *H. Delloye, éditeur*, 1843. 3 vol. — Chansons populaires des provinces de France. *Paris,* 1860. 1 vol. — 4 vol. gr. in-8, fig. demi-rel. mar. bl. avec coins, tr. supér. dor. ébarbé (*Brany.*)

Bel exemplaire. Premier tirage. Hauteur : 270 mill.

19. Chapelle et Bachaumont. Voyage, suivi de quelques autres voyages dans le même genre. *Genève,* 1782. In-8, mar. rouge, fil. dent. tr. dor. (*Reliure ancienne.*)

Bel exemplaire.

20. Chevigné (Le comte de). Les Contes Rémois. *Paris, Michel Lévy*, 1858. Pet. in-8, demi-rel. mar. bl. avec coins tête, dor. n. rogn: (*Petit.*)

Bel exemplaire. Troisième édition et la première avec les dessins de Meissonier.

21. (Choderlos de Laclos.) Les Liaisons dangereuses. Lettres recueillies dans une Société. *Londres,* 1820. 2 vol. in-12, mar. r. fil. tr. dor.

Figures de Devéria. On a ajouté à l'exemplaire une suite de figures de Chasselat, avant la lettre.

22. Cohen (Henry). Guide de l'amateur de livres à vignettes du xviiie siècle. *Paris*, *Rouquette,* 1870. In-8, mar. r. jans. tr. dor.

Exemplaire sur papier de Chine. Il est orné de 26 planches par Eisen, Marillier, Gravelot, Cochin, Moreau, etc., tirées de divers ouvrages et remontées.

23. Colardeau (de l'Académie française). Œuvres. *A Paris, chez Ballard et Le Jay,* 1779. 2 vol. in-8, portrait et fig. de Monnet, v. rac. dent. tr. dor.

24. Corneille (P.). Théâtre, avec des commentaires (par

Voltaire). *S. l.* (*Genève*), 1764. 12 vol. in-8, figures de Gravelot, v. f. antiq.

Le frontispice manque au tome Ier; on l'a remplacé par un portrait de Corneille gravé par Ficquet d'après Le Brun. Ce portrait est remmargé et doublé. Les sept premières feuilles du même volume sont aussi remmargés.

Quelques portraits sont ajoutés.

25. Crébillon le fils. Collection complète de ses Œuvres. *Londres*, 1772. 14 tomes en 7 vol. in-12, demi-rel. v. bleu, tr. rouge.

26. Deburau. Histoire du Théâtre à quatre sous. *Paris, Ch. Gosselin*, 1833. 2 t. en 1 vol. in-12, frontispices, demi-rel. mar. or. avec coins, tr. supér. dor. n. rog. (*Allô.*)

27. Delvau (Alfred) Dictionnaire de la langue verte. *Paris, Dentu*, 1866. In-12, demi-rel. mar. bl. tête dor. n. rog.

28. Delvau (Alfred). Du pont des Arts au pont de Kehl. *Paris, Faure*, 1866. In-12, demi-rel. mar. r. — Mémoires d'une honnête fille, avec le portrait de l'auteur. *Paris*, 1866. In-12, demi-rel. mar. — A la porte du Paradis. *Paris*, 1867. In-12, demi-chagr. — Les Lions du jour. *Paris*, 1857 In-12, demi-rel. — Le Fumier d'Ennius, avec eau-forte. In-12, cart. n. rog. — Ens. 6 vol.

29. Delvau. Histoire anecdotique des barrières de Paris, avec dix eaux-fortes par Émile Thérond. *Paris, Dentu*, 1865. In-12, demi-rel. mar. r. n. rog.

30. Histoire anecdotique des cafés et cabarets de Paris, avec dessins et eaux-fortes. *Paris, Dentu*, 1862. In-12, figures, demi-rel. mar. rouge, n. rog.

31. DORAT. Les Baisers, précédés du Mois de Mai, poème. *La Haye*, 1770. In-8, titre rouge, mar. r. (*Anc. rel.*)

Frontispice, figures et fleurons d'Eisen.

32. Dorat. Œuvres diverses. *La Haye, et à Paris, chez Delalain*, 1773-1776. 21 vol. in-8, figures, v. f. antiq.

1. Fables nouvelles, 2 tomes en 1 vol. figures de Marillier (*superbes épreuves*). — 2. La Déclamation théâtrale, figures d'Eisen. — 3. Recueil de contes et de poèmes, figures d'Eisen. — 4. Théâtre, 4 vol. figures de Marillier. — 5. Lettres, 2 vol. figures d'Eisen. — Mes nouveaux Torts, figures de Marillier, 1 vol. — 6. Mélange de poésies fugitives et de prose, 3 vol. figures de Marillier. — 7. Les Sacrifices de l'Amour, 2 vol. — 8. Œuvres mêlées, 2 vol. figures d'Eisen. — 9. Mes fantaisies, 1 vol. — Lettres d'une chanoinesse, figures de Marillier, 1 vol. — Les Malheurs de l'inconstance, 2 vol.

33. Duplessis (Georges). Histoire de la gravure, contenant 73 reproductions de gravures anciennes. *Paris, Hachette,* 1880. Gr. in-8, papier vélin, figures, br.

34. Du Rosoy. Les Sens, poème en six chants. *Londres,* 1766. Gr. in-8, mar. r. fil. tr. dor. (*Cuzin.*)

Bel exemplaire en grand papier de Hollande. Frontispice, figures et fleurons d'Eisen et Wille.

35. Favart. Théâtre. In-8, mar. r. tr. dor. (*Aux armes de la comtesse d'Artois.*)

Ce volume qui porte une tomaison (X) est un recueil factice de 5 pièces de Favart, dont voici les titres : 1° *Les Moissonneurs*, 1768 (avec trois figures d'Eisen et Borel.) — 2° *L'Amant déguisé*, ou le Jardinier supposé, 1769. — 3° *La Rosière de Salenci*, 1770. — 4° *L'Amitié à l'épreuve*, 1771 (figure de Gravelot. — 5° *Le Turc généreux*, *s. d.* in-8.

36. Favre (de). Les Quatre Heures de la Toilette des Dames, poème érotique en quatre chants, dédié à S. A. S. Madame la princesse de Lamballe. *Paris, J.-Fr. Bastien,* 1779. Gr. in-8, mar. r. fil. dent. int. tr. dor. (*Cuzin.*)

Titre gravé et figures de Lecler. Bel exemplaire.

37. Fromentin (Eugène). Sahara et Sahel. Édition illustrée de 12 eaux-fortes par Lerat, Courtry et Rajon, d'une héliogravure et de 45 gravures en relief. *Paris, E. Plon,* 1879. Gr. in-8, papier vélin, figures, br.

38. Gautier (Théophile). Le Capitaine Fracasse, illustré de 60 dessins de Gust. Doré. *Paris, Charpentier,* 1866. Gr. in-8, papier vélin, demi-rel. mar. r. foncé, avec coins, doré en tête, non rog. (*Smeers.*)

Bel exemplaire.

39. Goncourt (Edm. et J. de). L'Amour au xviiie siècle. *Paris, Dentu,* 1875. In-8, mar. bleu, dent. tr. dor. (*Quinet.*)

Exemplaire auquel on a ajouté un frontispice d'Eisen, une figure de Prudhon avant la lettre et 8 figures allemandes, reproductions des petites figures de Moreau.

40. Goncourt (de). L'Amour au xviiie siècle, par Edm. et Jules de Goncourt. *Paris, Dentu,* 1875. Pet. in-8, pap. vél. mar. or. dent. tr. dor. (*Courmont.*)

Bel exemplaire auquel on a ajouté 30 portraits ou gravures, parmi lesquels on remarque *le Lever* et *le Bain*, pièces en couleur, et des figures par Lebarbier, Eisen, Duplessis, Bertaut, Gravelot, etc.

41. Goncourt (Ed. et J. de). L'Art au xviiie siècle). *Paris,*

Rapilly, 1873. 2 tomes en 6 vol. in-8, demi-rel. mar. r. tr. supér. dor. n. rog.

Exemplaire orné d'environ *quatre-vingts figures* ajoutées et remontées du format in-8. Elles sont classées suivant le nom des artistes Watteau, Chardin, Greuze, Boucher, Lacour, Gravelot, Cochin, Eisen, Moreau, Debucourt, Fragonard et Prudhon.

42. GONSE. Eugène Fromentin, peintre et écrivain, ouvrage augmenté d'un Voyage en Égypte et d'autres notes et morceaux inédits de Fromentin, et illustré de gravures hors texte et dans le texte. *Paris, A. Quantin*, 1881. Gr. in-8, papier vélin, figures hors texte et dans le texte, br.

43. GRAFFIGNY (Mme DE). Lettres d'une Péruvienne. *Paris, de l'imprimerie de Mignerct*, 1797. Gr. in-8, bas. rac. tr. marbr.

Portrait de l'auteur gravé par Gaucher et 6 gravures d'après les dessins de Le Barbier.

Quelques mouillures.

44. GRANDVILLE. Un autre Monde. *Paris, Fournier*, 1844. in-4, fig. en coul. chagr. r. dent. tr. dor.

45. GRANDVILLE. Petites Misères de la vie humaine. par Old Nick et Grandville. *Paris, Fournier*, 1843. In-8, figures, demi-rel. chagr. br. tr. supér. dor. n. rog.

46. GRESSET Poésies choisies. *Paris, stéréotypie d'Herhan*, 1802. In-8, portrait et figures de Moreau le jeune, demi-rel. mar. v. dos orné, tr. supér. dor. n. rog. (*Brany.*)

47. GRESSET. Œuvres. *Paris, Renouard*, 1811. 3 tomes en 2 vol. in-8, figures de Moreau. demi-rel. mar. bl. avec coins, tr. supér. dor. (*Allò.*)

Le Parrain magnifique se trouve à la fin du 2e volume. Figures de Moreau.

48. HAMILTON (Le comte Ant.). MÉMOIRES DU COMTE DE GRAMMONT. Édition ornée de 72 portraits, gravés d'après les tableaux originaux. *Londres, Edwards, s. d.* (1792), in-4, portraits, mar. olive, dos orné, dent. sur les plats, tr. dor. (*Magnier.*)

Bel exemplaire contenant *les notes et éclaircissements* (77 pages) qui manquent souvent.

49. HAMILTON. Œuvres. *Paris, Renouard*, 1812. 3 vol. in-8, demi-rel., mar. v. tr. supér. dor. éb. (*Allô.*)

Figures de Moreau et portraits.

50. Horace. Les Œuvres, trad. nouv. par Jules Janin. 2e édit. *Paris, Hachette*, 1861. In-12, portrait sur chine, mar. r. fil. tr. dor. (*Capé.*)

51. Holbein (Hans). L'Alphabet de la mort, entouré de bordures du XVIe siècle et suivi d'anciens Poèmes français, publiés par Anatole de Montaiglon. *Paris, Tross*, 1856. In-8, demi-rel. mar. vert. tr. supér. dor. éb.

Exemplaire auquel on a ajouté 2 portraits et 4 planches in-8 d'une édition de la Danse des morts.

52. Janin (Jules). Œuvres diverses, publiées sous la direction de M. Albert de la Fizelière. *Paris, Libr. des Bibliophiles*, 1876-1877. 10 vol. in-12, eaux-fortes par Éd. Hédouin, br.

L'Ane mort, 1 vol. — Mélanges et variétés, 2 vol. — Contes et nouvelles, 2 vol. — Critique dramatique, 4 vol. — Correspondance, 1 vol.
Papier de Hollande.

53. La Bédollière. Les Industriels. Métiers et Professions en France, avec 100 dessins par Henry Monnier. *Paris, veuve Louis Janet*, 1842. Gr. in-8, figures dans le texte et hors texte, br.

54. La Borde. Choix de Chansons mises en musique. *Paris, de Lormel*, 1773. 4 vol. in-4, mar. r. fil. tr. dor. (*Pratt.*)

Reliure anglaise faite à l'imitation des reliures françaises. Les gravures de Moreau, Le Barbier et autres sont en très belles épreuves.

55. La Bruyère. Les Caractères, suivis des Caractères de Théophraste, traduits du grec par le même (précédés d'une notice sur la personne et les écrits de la Bruyère, par Suard). *Paris, Lefèvre* (*de l'imprimerie de P. Didot*), 1818. 2 vol. in-8, portrait, mar. rouge, dos orné, comp. à froid sur les plats, doublé de tabis, tr. dor. (*Simier.*)

Exemplaires en grand papier vélin. En tête du tome 2e on a ajouté un portrait de la Bruyère gravé par Savart en 1778 d'après le tableau de Saint-Jean.

Cette épreuve est remmargée.

56. La Fontaine. Fables choisies, mises en vers (publiées avec la Vie de l'auteur, par M. de Montenault). *Paris, chez Desaint et Saillant*, 1755-1759. 4 vol. in-fol. front. et fig. de J.-B. Oudry, v. antiq. marbr.

Exemplaire en papier moyen de Hollande.
Très belles épreuves de premier tirage.

57. La Fontaine. Contes et Nouvelles, *Amst.* 1762. 2 vol. in-8, mar. r. fil. tr. dor. (*Anc. rel.*)

Portrait par Ficquet et gravures d'Eisen. On a ajouté à cet exemplaire 12 des figures refusées. Les deux planches connues du tome 2e sont découvertes.

58. La Fontaine. Contes et Nouvelles, en vers. *A Paris, de l'imprimerie de P. Didot l'aîné*, 1794. 2 vol. in-4, fig. cart. n. rog.

Bel exemplaire contenant les 20 figures de Fragonard, Mallet et Touzé qui se trouvent dans le tome 1er.

En voici la description :

1. Joconde, le Pardon, *avant toute lettre.*
2. Joconde, 2e sujet, gravé par Trière.
3. Le Cocu battu et content, gravé par Delignon.
4. Le Mari confesseur, gravé par Tilliard.
5. Le Savetier, gravé par Dambrun.
6. Le Paysan qui avait offensé son seigneur, gravé par Lingé.
7. La Gageure des trois commères, 1er sujet. Le Poirier. *Épreuve sur papier de Hollande avant toute lettre.*
8. Le Calendrier des vieillards, gravé par Dambrun.
9. A Femme avare galant escroc, gravé par Aliamet.
10. On ne s'avise jamais de tout, gravé par Patas.
11. Le Gascon puni, gravé par Halbou.
12. La Fiancée du roi de Garbe, 1er sujet, *la Cassette.*
13. La Coupe enchantée, gravé par Dupréel.
14. Le Faucon, gravé par Tilliard.
15. Le Pâté d'anguille, gravé par Patas.
16. Le Magnifique, gravé par Tilliard.
17. La Matrone d'Ephèse, gravé par Delignon.
18. Belphégor, gravé par Patas.
19. Le Glouton, gravé par Simonet.
20. Le Baiser rendu, *avant toute lettre.*

59. La Fontaine. Contes et Nouvelles, en vers. Figures de Fragonard. In-4, avec marges.

1. Joconde, *le Lit.*
2. Joconde, *le Pardon*, pièce remontée.
3. Le Paysan qui a offensé son seigneur, pièce remontée.
4. La Gageure des trois commères, 2e sujet, *le Fil, pièce non terminée avant toute lettre.*
5. La Fiancée du roi de Garbe, 1er sujet, *la Cassette, avant la lettre.*
6. La Fiancée du roi de Garbe, 2e sujet, *le Chevalier, papier de Hollande, avant toute lettre.*
7. La Matrone d'Ephèse, *épreuve avant la lettre, noms d'artistes à la pointe.*
8. La Clochette, *papier de Hollande, avant la lettre.*
9. Le Juge de Mesle, *papier de Hollande, avant la lettre.*

On a jouté à cette collection *le Bât,* pièce avec cadre, sans noms de graveur.

60. La Fontaine. Les Amours de Psyché et de Cupidon, avec le Poème d'Adonis. *Paris, Saugrain et Didot*, 1797. 2 vol. in-12, papier vélin, mar. rouge, fil. tr. dor. (*Anc. rel.*)

Figures de Moreau.

61\. Lamartine. ŒUVRES D'ALPHONSE DE LAMARTINE (MÉDITATIONS). *Paris, Jules Boquet, Ch. Gosselin et Urb. Canel,* 1826. 2 vol. gr. in-8, figures, demi-rel. avec coins mar. rouge, dos orné, fil. tr. supér. dor. n. rog. (*Thompson.*)

Superbe exemplaire en grand papier vélin contenant :

1° La suite des figures de l'édition, par Desenne, en 3 états différents avant la lettre sur papier de Chine, avant la lettre sur papier blanc, et eaux-fortes.

2° La suite des treize dessins originaux à la sépia, par Desenne et Devéria, faits pour l'édition Gosselin.

3° La suite des petites gravures faites d'après ces dessins, avant la lettre sur papier blanc avec les eaux-fortes sur papier de Chine.

4° Huit figures d'après Devéria avant la lettre, sur papier de Chine, plus un fac-similé.

5° Un beau dessin original, par Desenne, du portrait en pied de Lamartine, au milieu des tombeaux, fait pour la 22me méditation, qui a pour titre : *le Temple.*

Ce bel exemplaire provient de la bibliothèque de la duchesse de Berry.

62\. Larrey (De). Histoire d'Angleterre, d'Écosse et d'Irlande, avec un abrégé des évènements les plus remarquables arrivez dans les autres États. *A Rotterdam, chez Reinier Leers,* 1707-1713. 4 vol. in-fol. nombr. portraits gravés, mar. rouge, compart. tr. dor. (*Ancienne reliure hollandaise.*)

63\. Laujon. Les A-Propos de société, ou Chansons de M. L***. 1776. 3 vol. in-8, v. mar. fil. tr. dor.

Frontispices gravés et figures de Moreau. Belles épreuves.

64\. Longus. Daphnis et Chloé. trad. par Amyot. *Paris, Leclerc,* 1863. In-8, mar. viol. fil. tr. dor.

Exemplaire auquel on a ajouté la réduction des figures de Prudhon et Gérard, in-8.

65\. Lucrèce. Di Tito Lucrezio Caro, della Natura delle Cose, libri, sei, tradotti dal latino in italiano da Alessandro Marchetti, etc. *In Amsterdamo* (*Paris*), 1754. 2 vol. gr. in-8, papier de Hollande, titres gravés, figures, vignettes et culs-de-lampe, par Eisen, Cochin, v. antiq. marbr.

66\. Lucrèce. Traduction nouvelle avec des notes, par M. L***. G***. (La Grange). *A Paris, chez Bleuet,* 1768. 2 vol. in-8, titre gravé, figures de Gravelot, v. éc. fil. tr. dor.

Bel exemplaire en papier de Hollande.

67\. Mantz (P.). Hans Holbein, dessins et gravures sous la

direction d'Édouard Lièvre. *Paris, A. Quantin*, 1879. In-fol. papier vélin, figures dans le texte, gravures à l'eau-forte hors texte, cart. percal. grise, n. rog.

68. MARGUERITE DE NAVARRE. Heptaméron français, nouvelles de la reine de Navarre. *Berne*, 1781. 3 vol. in-8, figures, chagr. bl. fleurs de lis, fil. tr. dor.

Premières épreuves. Exemplaire court de marges. Le titre imprimé du tome Ier manque.

69. MARILLIER. Recueil de figures de divers ouvrages, d'après les dessins de Marillier. Environ cent pièces en 1 vol. in-8, demi-rel. avec coins mar. rouge.

La plupart de ces gravures sont non rognées.

70. MASSILLON. Petit Carême. Imprimé par ordre du Roi pour l'éducation de monseigneur le Dauphin. *A Paris, de l'imprimerie de Didot l'aîné*, 1789. In-4, papier vélin, mar. rouge, dos orné, fil. tr. dor. (*Reliure de l'époque.*)

71. MÉNARD (René). Entretiens sur la peinture avec cinquante eaux-fortes. *Paris, Libr. de l'Art, Hipp. Heymann, éditeur*, 1875. Gr. in-4, br.

Exemplaire sur GRAND PAPIER WHATMAN, figures sur PAPIER DU JAPON. Épreuves AVANT LA LETTRE.

72. MOLIÈRE. Œuvres, nouvelle édition. *Paris*, 1734. 6 vol. gr. in-4, portrait et figures, v. antiq. marbr.

Bel exemplaire du second tirage. Cette édition est ornée d'un portrait de Molière d'après Coypel, et des figures, vignettes et culs-de-lampe, gravés d'après les dessins de Boucher, Oppenor et Blondel, par Laurent Cars et Joullain.

73. MOLIÈRE. Œuvres avec des remarques, par Bret. *Paris*, 1773. 6 vol. in-8, mar. r. fil. tr. dor. (*Anc. rel.*)

Portrait gravé par Cathelin et figures de Moreau.
Bel exemplaire.

74. MOLIÈRE. Le Théâtre. *Lyon, Scheuring*, 1864. 8 vol. in-8, pap. teinté, figures de Hillemacher, demi-rel. mar. r. tr. sup. dor. n. rog. (*Brany.*)

On a ajouté à cet exemplaire : *Galerie des portraits des comédiens de la troupe de Molière. Lyon, Scheuring*, 1869. In-8, portraits, demi-rel. mar. rouge.

75. MONNIER (Henry). Scènes populaires dessinées à la plume, par Henry Monnier, ornées du portrait de M. Prudhomme. Quatrième édition. *Paris, Dumont*, 1836. 2 vol.

— Nouvelles Scènes populaires. *Paris, Dumont,* 1839. 2 vol. ens. 4 vol. in-8, demi-rel. v. rose, tr. marbr.

76. MONTESQUIEU. Le Temple de Gnide, nouvelle édition, avec figures, gravées par Lemire d'après les dessins d'Eisen. *Paris, Lemire,* 1772. Gr. in-8, texte gravé, front. et fig. d'Eisen, mar. r. dent. fil. tr. dor. (*Bradel.*)

Bel exemplaire.

77. MOYEN AGE ET LA RENAISSANCE (LE), histoire et description des mœurs et usages, du commerce et de l'industrie, des sciences, des arts, des littératures et des beaux-arts en Europe. Direction littéraire de M. Paul Lacroix, direction artistique de M. Ferdinand Séré, dessins fac-similés par M. A. Rivaud. *Paris,* 1848-1851. 5 vol. in-4, nombr. figures noires et en chromolith. demi-rel. chagr. noir, tr. jasp.

78. MUSÆUS. Les Contes populaires de l'Allemagne, trad. par Cerfberr de Mendelsheim, édition illustrée de 300 vignettes. *Paris, Havard,* 1846. 2 tom. en 1 vol. pet. in-8, demi-rel. mar. rouge, dos orné, tr. supér. dor. éb. (*Allô.*)

79. MUSSET (Alfr. de). ŒUVRES COMPLÈTES; avec lettres inédites, variantes, notes, index, fac-similés, édition dédiée aux amis du poète ornée de 28 dessins de M. Bida, etc. *Paris, Charpentier,* 1866. 10 vol. gr. in-8, portrait et figures, mar. vert, dos orné, fil. dent. int. tr. dor. (*Marmin.*)

Bel exemplaire en GRAND PAPIER DE HOLLANDE, figures AVANT LA LETTRE.

80. PERRAULT (Charles). Les Contes des fées en prose et en vers, deuxième édition, précédée d'une lettre critique, par Ch. Giraud. *Lyon, Louis Perrin,* 1865. In-8, fig. demi-rel. mar. br. tr. supér. dor. n. rog.

81. PEZAY (le marquis de). Zelis au bain, poème en quatre chants, nouvelle édition. *Genève, s. d.* In-8, demi-rel. bas. rouge, tr. dor.

Titre, vignettes et fleurons d'Eisen.

82. PIRON (Alexis). Œuvres; avec figures en taille-douce, d'après les dessins de M. Cochin. *Paris, N.-B. Duchesne,* 1758. 3 vol. in-12, figures vél. blanc moderne.

83. PLAN DE PARIS, levé et dessiné, par Louis Bretez et gravé par Claude Lucas sous les ordres de Michel-Etienne Tur-

got. *Paris,* 1740. Gr. in-fol. mar. rouge fleurdelisé sur le dos et les plats, tr. dor. Reliure ancienne (armoiries de la ville de Paris).

Plan de Paris en perspective et gravé en 20 planches.

84. Prévost (l'abbé). Histoire de Manon Lescaut et du chevalier Des Grieux. *Paris, Leclerc,* 1860. 2 vol. in-12 papier vergé, figures de Lefèvre, demi-rel. mar. v. avec coins tr. sup. dor. n. rog. (*Cuzin.*)

85. Rabelais. Œuvres. *Édition variorum,* augmentée de pièces inédites et d'un commentaire, par Eloi Johanneau. *Paris, Dalibon,* 1823. 9 vol. in-8, fig. demi-rel. mar. citr. dos orné et mosaïque, tr. sup. dor. n. rog.

Joli exemplaire.

86. RACINE (Jean). Œuvres, avec commentaires, par Luneau de Boisgermain. *Paris,* 1768. 7 vol. in-8, mar. r. fil. tr. dor. (*Anc. rel.*)

Très bel exemplaire. Figures AVANT LA LETTRE.

87. Recueil des meilleurs contes en vers et contes de la Fontaine. *Paris, Leclère,* 1861. 4 vol. pet. in-8, mar. br. jans. tr. dor.

Exemplaire SUR CHINE. Figures de Duplessis-Bertaux.

88. Regnard. Œuvres complètes, avec des avertissements et des remarques sur chaque pièce, par M. G*** (Garnier). *Paris, de l'imprimerie de Monsieur, à Paris, chez la Ve Duchesne,* 1790. 6 vol. in-8, portrait de Regnard et figures de Moreau et de Marillier et Borel. mar. vert, fil. sur le dos et les plats, dent. int. tr. dor. (*Cuzin.*)

Bel exemplaire, avec témoins. Les figures ont la lettre grise.

89. Représentation des fêtes données par la ville de Strasbourg, pour la convalescence du Roi (Louis XV), à l'arrivée et pendant le séjour de Sa Majesté en cette ville, inventée, dessinée et dirigée par M. J.-M. Weiss. *Paris, Laurent Aubert,* 1744. Gr. in-fol. figures, demi-rel. avec coins mar. rouge antiq. chiffre royal, couronne sur le dos, tr. dor.

Bel exemplaire sur papier de Hollande, orné de 11 grandes planches doubles et d'un beau portrait de Louis XV à cheval, gravé par J. Wille d'après le tableau de Parrocel; 20 pages de texte sont gravées avec encadrements et fleurons variés.

90. Richard (L.). Catalogue des tableaux composant la col-

lection Laurent Richard. *Paris, Pillet.* Gr. in-8, demi-rel. mar. tr. supér. dor. éb.

44 Eaux-fortes. Prix marqués.

91. ROSSET. L'Agriculture, poème. *Paris, Impr. roy.* 1774. In-4, demi-rel. bas.

Figures de Saint-Quentin et Louterbourg.

92. SACRE DE LOUIS XV, ROY DE FRANCE ET DE NAVARRE (Le), dans l'église de Reims, le dimanche 25 octobre 1722 (rédigé par Danchet). *S. l. n. d.* In-fol. maximo, fig. v. antiq. mar. chiffre royal entrelacé et couronné sur le dos, dent. fleurdelisée sur les plats tr. dor.

TRÈS BEL EXEMPLAIRE. Le texte de ce beau volume est gravé et encadré de riches bordures, d'allégories, de cartouches, fleurons et culs-de-lampe gravés par Ullin; les figures sont au nombre de 72, dont 9 grandes planches doubles, gravées par de Larmessin, Chereau, Cochin, Simonneau, etc.

Le titre porte la signature de : *Pasdeloup le jeune, place Sorbonne, à Paris.*

Les armes de Louis XV se trouvent frappées sur les plats de la reliure et on remarque les armoiries du Dauphin placées tout en bas du dos de la reliure.

93. SAINTE BIBLE (La) en latin et en français. *Paris, Lefèvre, (de l'imprimerie de Jules Didot,* 1828-1834. 13 vol. gr. in-8, demi-rel. mar. bl. tr. sup. dor. éb.

Exemplaire en GRAND PAPIER VÉLIN contenant la suite de Devéria AVANT LA LETTRE et la suite de Marillier AVANT LA LETTRE.

94. SAND (Maurice). Masques et bouffons (Comédie-Italienne) texte et dessins par Maurice Sand, gravures par A. Manceau, préface par George Sand. *Paris, Mich. Lévy fr.* 1860, et *Lévy fils.* 1872. 2 vol. gr. in-8 papier vélin figures en bistre. br.

95. SCARRON. Œuvres. Nouvelle édition, revue, corrigée et augmentée de l'histoire de sa vie et de ses ouvrages, d'un discours sur le style burlesque et de quantité de pièces omises dans les éditions précédentes. *A Amsterdam, chez J. Wetstein,* 1752. 7 vol. in-12, portrait, mar. citr. dos orné fil. dent. int. (*Hardy.*)

Bel exemplaire, non rogné.

96. SCHNEIDER. Catalogue des tableaux anciens, dessins et aquarelles composant la collection de feu M. Schneider. *Paris, Pillet,* 1776. Gr. in-8, cart.

23 eaux-fortes.

97. Sévigné (Mme de). Lettres, précédées d'une notice biographique, de notes géographiques, historiques, etc., par M. Gault de Saint-Germain. *Paris, Dalibon,* 1823. 12 vol. gr. in-8 portraits, demi-rel. mar. viol. (*Bibolet.*)

Exemplaire en grand papier vélin non rogné avec les portraits de Devéria en 2 états AVANT LA LETTRE sur chine, et EAUX-FORTES sur chine.

98. Tafereelen van de Staats omwenteling in Frankrijk. (Figures pour la Révolution française.) *Amst.* 1794. In-8, cart.

Rare et recherché, 180 figures et portraits, les figures forment 24 parties.

99. Vadé. Œuvres poissardes, suivies de celles de l'Écluse. *A Paris, chez Defer de Maisonneuve* (*de l'Imprimerie de Didot le jeune,* 1796. In-4, fig. cart. n. rog.

Exemplaire sur grand papier vélin orné de 4 figures par Monsiau, gravées par Clément et imprimées en couleur.

100. Viollet-le-Duc. Dictionnaire raisonné du mobilier français de l'époque carlovingienne à la Renaissance. *Paris, A. Morel,* 1865-1875. 6 vol. in-8, grav. sur bois, sur acier et en chromolithographie, br.

101. Virgilius (P.), varietate lectionis ac perpetua adnotatione illustratus a Chr. Gottl. Heyne. *Lipsiæ, Caspar Fritsch,* 1800. 6 vol. gr. in-8, frontispice et vignettes gravées, mar. olive à longs grains, dent. à froid, tr. dor.

102. Voltaire. Contes en vers. *Kehl,* 1785. Gr. in-8, mar. r., dos orné, fil. tr. dor.

Exemplaire en PAPIER VÉLIN, figures de Moreau (seconde suite) et figures de Desenne AVANT LA LETTRE.

103. Voltaire. La Pucelle d'Orléans. *S. l.,* 1762. Pet. in-12, mar. r. dent. tr. dor. (*Anc. rel.*)

Exemplaire qui porte sur le dos de la reliure *office de la Vierge.*

104. Voltaire. Les Romans. *Kehl,* 1785. 2 vol. gr. in-8, papier vélin, mar. r., dos orné, tr. dor.

Ces deux vol. forment les tomes 44 et 45 des Œuvres complètes. Ils sont ornés de figures de Moreau (seconde suite) et de figures de Desenne AVANT LA LETTRE.

105. Voltaire. Romans et Contes. *A Bouillon, aux dépens*

de la Société typographique, 1778. 3 vol. in-8, portraits et figures, mar. rouge, dos orné, fil. tr. dor. (*Lortic.*)

Bel exemplaire, avec les jolies figures de Monnet, Marillier, Martini et Moreau.

106. Wilson. Collection de M. John W. Wilson, exposée dans la galerie du cercle artistique et littéraire de Bruxelles. *Paris, impr. Jules Claye,* 1873, in-4, papier de Hollande, broché.

Troisième édition, 68 planches gravées à l'eau-forte avec la lettre.

107. Zacharie. Les Quatre Parties du jour, poëme traduit de l'allemand. *Paris, Musier*, 1769, gr. in-8, v. marbr. fil. tr. dor. (*Anc. rel.*)

Figures d'Eisen. Belles épreuves.

GRAVURES ET PORTRAITS

108. Angoulême (duc d'). Portrait publ. par Bulla, in-8, en médaillon. -- Duchesse d'Angoulême, gravé par Hourdain. In-8, teinté.

109. Arnould (Sophie). Portrait gravé par Bourgeois de la Richardière, d'après La Tour. In-8, n. rogn.

110. Beaumarchais. Suite complète de 25 vignettes au trait et 1 portrait par Gautier. In-8, n. rogn.

111. Beaumarchais. Œuvres. Suite complète de 6 figures et un portrait in-18 de Duvivier.

Épreuves *avant la lettre*. Le portrait en *eau-forte*.

112. Beaumarchais. Œuvres complètes. Suite de 4 figures par Tony Johannot et un portrait. Gr. in-8.

Épreuves sur chine.

113. Beaumarchais. La Folle Journée. 3 figures d'après Saint-Quentin, gravées par Halbou et Liénard. — 5 pièces gravées par Malapeau et Roi.

114. Beaumarchais. Le Mariage de Figaro. 12 figures de Chodowieçki. In-18 remontées, in-8.

115. Beaumarchais (Caron de). Portrait gravé par Saint-Aubin, d'après Cochin. — Portrait publié par Ménard et Desenne, avant la lettre sur chine. — Portrait gravé par Hopwood et par Tardieu. — 4 pièces.

116. Béranger. Suite de 104 vignettes dont 1 portrait, par Charlet pour l'édition Corboul. In-8.

117. Béranger. Suite de H. Monnier pour les chansons, 40 pièces en couleurs. — Vignettes pour les dernières chansons de Béranger. 24 vignettes et 2 portraits.

118. Béranger. Suite complète de 30 figures in-8 de Tony Johannot, Devéria, Grandville, etc., avec encadrement, par Français. In-8.

119. Béranger. Lettre autogr. signée (à Jacques Laffitte), 13 avril 1829. 3 pages in-8.

Détails très intéressants au sujet d'une lettre de Manuel qu'il lui envoie, recommandations en faveur de Baour-Lormian, souscriptions demandées pour Rouget de Lisle.

120. Béranger. Suite de 120 figures de Grandville. In-8, broché.

Tirage sur chine.

121. Béranger. Correspondance. In-8.

Réunion de 67 portraits divers pour illustrer la Correspondance de Béranger. On remarque les portraits de La Lisette, de Manuel, Lafitte, Bellard, Louis XVIII, Parny, tous *avant la lettre*.

122. Bernardin de Saint-Pierre. Suite de 6 fig. par Dutailly, avant la lettre. In-8.

123. Bernardin de Saint-Pierre. Œuvres. In-8.

Suite de 10 vignettes et 1 portrait *sur chine*, gravés par Corbould et autres artistes anglais.

124. Bernardin de Saint-Pierre. Paul et Virginie. In-8.

Suite de 7 feuilles contenant 10 pièces en médaillon, tirées en couleur, d'après Dutailly, non rognées. 2 pièces, réduction des précédentes.

125. Bernardin de Saint-Pierre. Portrait en médaillon. — Portrait d'après Laffitte dit à la Sphère, épreuve sur chine et autres. — Ensemble, 5 pièces.

126. Boccace. Suite complète de 8 gravures pour le Décaméron, d'après Marillier. Gr. in-8, avec cadres.

127. Boileau. Portrait in-8 gravé par Savart d'après Rigaud. — Racine. Portrait gravé par Savart d'après Santerre. — Regnard. Portrait gravé par Ficquet d'après Rigaud. — Descartes. Portrait gravé par Ficquet d'après Hals. Pet. in-8.

128. Bonaparte (1er consul). Portrait en médaillon gravé par Massard. In-8. — Le Roi de Rome d'après Prudhon. In-fol.

129. Bourbon-Condé (Duc de Bourbon). Portrait publ. par Esnauts. In-8. — Duchesse de Bourbon. Portrait gravé par Dupuis. In-8.

130. BROWN. Eaux-fortes. 8 pièces in-4.

131. CAGLIOSTRO. Portrait gravé par Duhamel. In-8. — Mademoiselle d'Oliva. In-12, portr. sans marges. — Cardinal de Rohan. In-8, gravé par Dupin. — Cardinal de Rohan. In-4, portrait en couleur. — Comtesse de La Motte, gr. par Goldar. In-8. — 5 pièces.

132. CAGLIOSTRO (Comtesse de). Portrait in-4 publ. par Basset. — Comtesse DE GENLIS. Portrait publié à Bruxelles. In-8.

133. CERVANTÈS. Don Quixotte. In-fol.

Suite complète de 31 gravures d'après Coypel, in-folio, grand papier.

134. CERVANTES. Don Quixotte. In-4 et in-8, avec marges.

21 gravures et 2 portraits dessinés par Camaron et gravés par Duflos. Belles épreuves, quelques-unes *avant la lettre*. Il y a 4 EAUX-FORTES dans la suite.

135. CHARLOTTE CORDAY. Portraits : 1° dessiné par Bonneville et gravé par Gautier. 1 f. in-8 ; — 2° publié par Basset. In-8 ; — 3° d'après Le Lu. In-4 ; — 4° sans nom d'artiste. In-8, carré.

136. DESSINS. Caricatures anglaises. In-4 en couleurs.

137. DU BARRY (Comtesse). Portraits : 1° gravé par Bovinet, in-8 ; — 2° sans nom d'artiste. In-4.

138. FÉNELON. Télémaque. In-8.

Suite de 24 figures de Marillier et 1 portrait. Épreuves *avant la lettre*. Belle suite.

139. FÉNELON. Télémaque. In-8.

Suite de 24 gravures d'après Moreau et 1 portrait.

140. FÉNELON. Télémaque. Suite de gravures de Lefèvre. 24 pièces tirées in-8, n. rogn.

141. FRAGONARD (Honoré). Portrait par Le Carpentier. In-fol.

142. FRAGONARD. Portrait gravé par de Marc d'après Lemoine *avant la lettre, avec les noms des artistes à la pointe*.

142 *bis*. FRAGONARD. Le même portrait *avant toute lettre*.

143. FROMENTIN. Eaux-fortes. 6 pièces in-fol.

144. Gautier (Théophile). Portraits divers. In-8.

1° En tenue des représentations d'Hernani, pièce en couleur.
2° Portrait charge, épreuve sur chine.
3° Portrait in-8 : *Un poète* (sur chine).
4° Portrait lithographié.

145. George III. Portrait en médaillon, publ. par Bauce. Pièce en couleur.

146. Gravures diverses. 5 pièces in-4.

Femme couchée, d'après Courbet. — Vierge, d'après Léonardo de Vinci. — Paysage, par Millet, etc.

147. Imbert. Le Jugement de Pâris, poème en IV chants. *Amst.*, 1772. In-8.

Titre et 4 figures de Moreau.

148. La Fontaine. Œuvres. In-8.

Portrait et 12 planches par Devéria, *sur chine avant la lettre.*

149. La Fontaine. Fables. In-18.

Suite des figures de Simon et Coiny, tirées in-8, non rogné, quelques-unes avec les numéros.

150. La Fontaine. Fables. Vignettes par Percier. In-8 obl.

Épreuves sur chine.

151. La Fontaine. Fables. In-8.

Suite complète de 60 vignettes par divers artistes pour l'édition Nepveu. Épreuves avant la lettre tirées sur grand papier in-8 et sans cadres.

152. La Fontaine. Fables. *Nepveu*, 1813. In-8, n. rogn.

60 gravures avant la lettre, avec encadrements, d'après Desenne, Chasselat, Ransonnette, Chaudet, Colin, Devéria, Monnet, etc.

153. La Fontaine. Fables. In-fol.

Suite de 12 planches, d'après Bergeret. — La même suite. 7 pièces eaux-fortes, non terminées.

154. La Fontaine. 10 gravures d'après Johannot. Gr. in-8.

Épreuves à l'état d'eaux-fortes.

155. La Fontaine. Fables. Vignettes de Foulquier. Gr. in-8.

Exemplaire sur chine volant.

156. La Fontaine. Contes. 17 pièces. In-8.

Ce sont les pièces refusées pour l'édition des Fermiers généraux.

157. La Fontaine. Contes. Suite de 20 pièces sur 10 feuilles in-18, d'après Desrais.

Portrait de la Fontaine *au ruisseau.*

158. La Fontaine. Contes. Collection complète de 95 vignettes (édition Cazin), d'après Monnet, Sergent et Duplessis-Bertaux.

Papier de Chine, gr. in-8, *avant la lettre*.

159. La Fontaine. Les Contes. In-4.

Suite de 8 lithographies d'après Hersent; on a ajouté 1 pièce d'après Crespi : *Le Mari confesseur*.

160. La Fontaine. Psyché. 8 pièces par Moreau et un portrait in-12.

161. La Fontaine. Suite complète de 5 vignettes, *avant la lettre*, d'après les dessins de Gérard, pour les Amours de Psyché et pour Adonis, gravées par Marais, Tardieu, etc. in-4.

162. La Fontaine. Suite complète de 12 vignettes, par Desenne dont 7 pour le Théâtre et 5 pour Psyché.

Épreuves AVANT LA LETTRE, GRAND PAPIER.

163. La Fontaine. Portrait in-8 grav. par Le Mire, d'après Moreau. — Portrait in-fol. par Edlinck, d'après Rigaud.

Épreuves modernes.

164. La Malmaison. Le Haras en tête de page, *dessiné par Carle Vernet, gravé par Duplessis-Bertaux et Choffard en* 1805 *et* 1806. 1 p. in-4.

Très belle épreuve, RARE.

165. Lamartine. Œuvres. In-8.

Suite de 28 figures de Tony Johannot et autres, et portrait, non rognés.

166. Le Pelletier de Saint-Fargeau. Portrait en médaillon, in-8. — Portait teinté, in-fol.

167. Le Sage. Œuvres, in-8.

Suite de 12 figures de Choquet, Smirke, Devéria.

168. Le Sage. Gil Blas. Vignettes de Desenne, pour l'édition Werdet. 8 vignettes sur 4 feuilles in-8 obl.

Épreuves sur chine.

169. Le Sage. Gil Blas. Gr. in-8.

5 vignettes d'après Nap. Thomas.

170. Louis XVI. Le Sacre. Gravé par Ingouf, in-fol., fig. en médaillon avec texte.

171. Louis XVI. Portrait gravé par Sullin, d'après Vanloo, in-fol.

172. Louis XVI. Portrait teinté, gravé à Amsterdam par Strunck. Médaillon. Au bas, la scène du supplice. In-8.

173. Louis XVI, Roi des Français. Portrait publié par M. Breton, in-8 en travers.

Pièce en couleur.

174. Louis XVI, au milieu de l'Abondance et des Arts. Portrait allégorique par Cochin, gravé par Longueil, in-fol. 1776.

175. Louis XVI et Marie-Antoinette. 2 pièces en noir donnant leur profil dans le dessin d'urnes funéraires, in-8.

176. Louis XVI et Marie-Antoinette. Portraits gravés par Le Beau, sur une feuille in-4, obl. n. rogn.

177. Louis XVI et Marie-Antoinette Portraits in-4 gravés par Gabrielli.

Pièces en couleur.

178. Louis XVI. Portraits divers. 13 pièces in-8 et in-18.— 1° Sans noms d'artiste pet. in-8. — 2° Gravé par Le Beau (tirage moderne). — 3° Statue sur l'emplacement de la Bastille, dessiné par Spilsbury, in-4. — 4° Gravé par Roger.— 5° et 6° Deux médaillons in-16. — 7° Les Amis du Peuple, gravé par Biosse. — 8° Gravé par Louvion, in-fol. — 9° Gravé par Morse. — 10° Séparation de Louis XVI et de sa famille. — 11° Famille royale de France, en médaillon. — 12° Louis XVI enlevé au ciel, gravé par Duplessis-Bertaux. (Épreuve d'artiste à l'eau-forte.) — 13° Gravé par Le Beau, 1774, in-8.

179. Louis XVII. Portrait teinté, gravé par Hourdain, in-8.

180. Louis XVII. Portraits gravés par Roger et par Gabrielli. — 2 pièces in-4.

181. Louvet. Les Amours du chevalier de Faublas. Gr. in-8, édition Lavigne.

47 pièces sur chine volant.

182. Louvet. Suite complète de 8 pièces pour Faublas, d'après Colin. In-8.

183. Louvet (J.-B.). Suite de 22 pièces et un portrait pour Faublas, publ. par Lavigne. In-8.

184. Marat. Portrait en médaillon. In-16. — Portrait publié par Chéreau. In-4 teinté. — Martyrs de la liberté. In-4.

185. Marie-Antoinette. Portraits divers : 1° Publié par Moudhare. In-fol. — 2° Gravé par Schiavonetti. In-8. — 3° Gravé par Wolekh. In-fol. — 4° Gravé par Jan Balzer. — 5° par Verhelst, in-24, en médaillon. — 6° Gravé par Roger, in-8. — 7° Publié en 1783, chez Isabey. In-fol. (tirage moderne). — Ensemble 7 pièces.

186. Marie-Antoinette. Portrait gravé par Lebeau. 1774. In-8.

187. Marie-Antoinette. Portrait peint par Vanloo et gravé par Dupin. In-folio.

188. Marie-Antoinette. Portrait en médaillon, par le comte de Novion, gravé par Clæssens. In-8. — La Reine à la Conciergerie, par Prieur. In-4. — Les Adieux de Marie-Antoinette à sa famille. In-fol. — Ens. 3 pièces.

189. Marie-Antoinette. Portrait gravé par Ruotte. In-fol.

Pièce en couleur.

190. Molière. Portrait. In-8, gravé par Ficquet d'après Coypel.

Belle épreuve du 5e état.

191. Molière. Vignettes et portrait par Foulquier. In-8.

Épreuves sur chine volant.

192. Molière. Suite des eaux-fortes de Hillemacher. In-8.

Épreuves sur chine volant.

193. Molière. 5 gravures anciennes. In-4 avec texte, sans nom d'artiste.

194. Necker. Portrait teinté. In-12 en travers, 1780. — *Madame Necker*. Portrait. In-12.

195. Pascal. Portrait. In-8, publié par Mame.

Épreuve sur chine.

196. Portalis. Les Graveurs français, réunion de 125 pièces in-8 et in-4 pour illustrer cet ouvrage.

Nous citerons, dans cette collection, les gravures de Moreau, Marillier.

Gravelot détachées de divers ouvrages et en belles épreuves, vignette avant la lettre, de Lefebvre. La Conversation russe, eau-forte de Le Prince; le Chat, par Wischer, etc., etc.

197. PORTRAITS modernes. 7 pièces. In-8 et in-4.

1° Glatigny, eau-forte.
2° Émile Zola, gravé par Guillaumot.
3° Gérard de La Brunie, lithogr.
4° Pétrus Borel, par Jehan Duseigneur (tiré à 25 exemplaires).
5° Gilbert, d'après Courbet, eau-forte.
6° Alphonse Daudet, eau-forte, par Guillaumot.
7° Dom Guéranger, lithogr.

198. PRÉVOST (L'abbé). Manon Lescaut, suite de 5 gr. et un portrait par Hédouin.

Épreuves sur chine volant.

199. RICHARDSON. Clarisse Harlowe, suite complète de 21 grav. In-8, par Chodowieçki.

200. SANTERRE. Caricature allemande. In-fol.

201. SÉVIGNÉ. Lettres, vignettes de Foulquier. Gr. in-8.

Épreuves sur chine volant.

202. STERNE. La Jeune Marchande. In-8, sur chine.

203. SWFIT. Gulliver, suite de 10 vignettes d'après Lefèvre.

204. VADÉ. Pipe cassée. 4 pièces tirées à la sanguine.

205. CARLE VERNET. Congé absolu de l'an III. 1 pièce, in-fol. (*Rare.*)

206. VOLTAIRE. Candide. 5 grav. in-12, de Chodowieçki.

Paris. — Typ. G. Chamerot, 19, rue des Saints-Pères. — 12054.

www.ingramcontent.com/pod-product-compliance
Ingram Content Group UK Ltd.
Pitfield, Milton Keynes, MK11 3LW, UK
UKHW021532260726
13993UKWH00004B/1944